Helmut F. Kaplan

Leben, Lieben, Leiden

Aphorismen

Helmut F. Kaplan

Leben, Lieben, Leiden

Aphorismen

Helmut F. Kaplan, geboren 1952, ist Philosoph und Autor und lebt in Salzburg. Er arbeitet hauptsächlich über Tierethik und Tierrechte. Zuletzt erschienen von ihm die Bücher „Ich esse meine Freunde nicht" und „Leichenschmaus" (Neuauflage).

ISBN 978-3-8448-1686-0

Herstellung und Verlag: Books on Demand GmbH, Norderstedt
Umschlaggestaltung: Kevin T. Fischer, Werkgemeinschaft Buchbande
Satz und Layout: Kevin T. Fischer, Werkgemeinschaft Buchbande
Foto Umschlag: copyright by www.Istockphoto.com/abzee Mike Bentley

Bibliografische Information der Deutschen Nationalbibliothek
Die Deutsche Nationalbibliothek verzeichnet diese Publikation in der Deutschen Nationalbiografie; detaillierte bibliographische Daten sind im Internet über http://dnb.dd-nb.de abrufbar

Den ärmsten Opfern menschlicher Dummheit und
Gemeinheit – den Tieren

Inhalt

Vorwort zur zweiten Auflage

In einem Artikel über Hanna Schygulla fiel mir jüngst der Fassbinder-Film-Titel „Liebe ist kälter als der Tod" ins Auge. Welch großartiger Aphorismus! Aphorismen lassen sich im Vergleich zur rationalen bzw. philosophischen Analyse vielleicht wie folgt charakterisieren: Sie ziehen das Fazit aus einer solchen Analyse, sie beleuchten einen Aspekt der betreffenden Thematik oder sie erhellen emotionale bzw. existentielle Aspekte dieser Thematik. Im Falle des obigen Zitates treffen wohl der zweite und dritte Punkt zu: Die Liebe hat auch äußerst unangehme Seiten. Und die betreffenden Erlebnisse zählen zu den schmerzlichsten und vernichtendsten Erfahrungen, die man auf Erden machen kann. In gewisser Weise stellt der Aphorismus die perfekte Ergänzung zur rationalen bzw. philosophischen Analyse dar. Sein großer Vorzug ist im optimalen Fall seine Unmittelbarkeit und seine Allgemeinverständlichkeit. Letzteres ist naheliegenderweise insbesondere bei lebenspraktischen und moralischen Fragen von unschätzbarem Vorteil.

Salzburg, im Februar 2010

Helmut F. Kaplan

Vorwort zur ersten Auflage

Die Texte, aus denen ich die Beiträge zu diesem Band ausgewählt habe, entstanden in einem Zeitraum von mehreren Jahrzehnten. Das machte die Wahl nicht eben einfach: So manches würde ich heute anders oder gar nicht mehr sagen. Andererseits: Wer weiß schon, ob man die Dinge heute oder früher „richtiger" sah? Der Maler Georg Baselitz bringt diese Unsicherheit gut auf den Punkt, wenn er sagt: „Ich stelle am liebsten meine neuesten Bilder aus, denn von denen bin ich vollständig überzeugt. (...) Bei meinen alten Bildern bin ich unsicher. Ich ahne zwar, dass die gut sind, aber die haben nicht mehr so viel mit mir zu tun. Ich weiß kaum noch, in welcher Verfassung ich mich befand, als ich sie gemacht habe." (Der Spiegel, 33, 2007)

Angesichts solcher Unsicherheit habe ich mich erst gar nicht besonders bemüht, mir strikte Auswahlregeln aufzuerlegen. Manches von dem, was ich heute nicht mehr oder nicht mehr so sagen würde, habe ich weggelassen, anderes verändert – und wiederum anderes einfach belassen.

Eine solche Materialsichtung hat einen positiven Nebeneffekt – die Schulung der Toleranz: Wer eigene unterschiedliche Meinungen akzeptiert bzw. akzeptieren muß, wird auch abweichende Meinungen anderer in einem anderen Licht sehen.

Dieser Band enthält auch die Aussage „Gefühle sind unsere große Schwäche: Hätten wir keine, wären wir unverwundbar." Da sprang mir naturgemäß in einem Bericht über Kampfroboter, die, mit einem künstlichen Gewissen ausgestattet, zunehmend herkömmliche Soldaten ersetzen sollen („Krieg der Roboter", Der Spiegel, 33, 2007), der Satz ins Auge: „Die haben keine Angst und werden niemals müde."

Besonders beeindruckt hat mich dann aber folgendes: Naturgemäß stoße die Technisierung des Kriegshandwerkes auch auf massive Kritik, diese Entwicklung werde von vielen als grausam, pervers und unheimlich empfunden. „Robotik-Visionär" Ronald Arkin vom Georgia Institute of Technology in Atlanta könne der Sache aber auch positive Aspekte abgewinnen:

Trotz internationaler Übereinkünfte und Absichtserklärungen komme es im Krieg bisher immer wieder zu Greueltaten und Menschenrechtsverletzungen. Die mit einem künstlichen Gewissen ausgestatteten Kampfautomaten würden sich vermutlich nicht zu solchen Untaten hinreißen lassen: „Roboter könnten sich menschlicher benehmen als Menschen."

Das klingt plausibel und illustriert auf ebenso anschauliche wie makabre Weise, was vom Menschen moralisch zu halten ist: Seine Ersetzung durch Maschinen wäre ein moralischer Fortschritt. Damit sind wir bei jenem Thema, das mich seit Jahrzehnten beschäftigt und beunruhigt: bei der mangelnden Moral des Menschen und deren schauerlichen Folgen – für Menschen und Tiere.

Wenn diese Schrift eine moralische Botschaft enthält, dann ist es diese: Wir dürfen uns von der uns umgebenden Gleichgültigkeit und Unmoral nicht einschüchtern, entmutigen und entmachten lassen, sondern sollen vielmehr unbeirrt das uns Mögliche leisten, um das Leiden auf Erden zu lindern.

Salzburg, im September 2007

Helmut F. Kaplan

Wer glaubt,

die Welt verbessern zu können,

ist ein Narr. Wer es nicht versucht,

ein Verbrecher.

Leben

„Wunder der Natur" – wenn ich das schon höre! Natürlich hat die Natur auch „Wunder" hervorgebracht. Aber vor allem hat sie Höllen geschaffen: Krankheiten, Seuchen, Leiden, Tod – und die dazu passenden Höllenbewohner: Menschen und Tiere.

Das muß man sich vorstellen – und dabei erschaudern: Vorher eine Ewigkeit nichts. Nachher eine Ewigkeit nichts. Nur dazwischen, ganz kurz, jetzt – das Leben.

Gibt es eigentlich eine größere Gemeinheit: zuerst gezwungen werden, auf die Welt zu kommen, und dann gezwungen werden, sie wieder zu verlassen?

Die Zeit ist es, die alles schafft, und sie ist es auch, die alles wieder vernichtet.

Ein übler Trick, den sich die Natur da ausgedacht hat, um das Trauerspiel irdischen Seins ewig in Gang zu halten: Man stattet die Wesen mit einem Gefühl quälender Heimatlosigkeit aus und knüpft jegliche Geborgenheit an den Vollzug jenes Akts, der neue Heimatlose hervorbringt.

Im Menschen wird sich der tragische Irrtum der Evolution selber bewußt.

Was wäre der Mensch ohne die Natur, die ihm Identität und Harmonie schenkt! Aber auch umgekehrt: Was wäre die Natur ohne den Menschen, der allein sie erst beseelt!

Die Evolution hat offenkundig alle bewußten Wesen mit einem Schutzmechanismus vor der Erkenntnis ausgestattet, daß es im ureigensten Interesse besser wäre, sich sofort umzubringen.

Die Vorstellung, daß „die Natur" „immer recht habe" und „alles besser wisse", ist schon deshalb unsinnig, weil die körperliche Evolution der kulturellen Evolution immer hinterherhinkt. So müssen wir uns etwa noch immer mit einem im Vergleich zu unserem Denken und Fühlen hoffnungslos „veralteten" Körper zufriedengeben. Musterbeispiel für die Falschheit der Vorstellung von der fraglosen Vorbildfunktion der Natur ist die Sinnhaftigkeit und Notwendigkeit der Empfängnisverhütung: Ginge es nach dem „Willen der Natur", müßte jede Frau zigmal schwanger werden.

Ist das Leben an sich bereits eine höchst merkwürdige Sache – um wieviel mehr gilt dies erst für das bewußte Leben: welch bizarre Laune einer unheimlichen Schöpfung!

Das Zu-sich-selbst-Kommen der Natur hat die Kultur, also die Nicht-Natur, zur Voraussetzung: Nur weil uns die Kultur einen Abstand von der Natur ermöglicht, indem sie uns dem ständigen unmittelbaren Überlebenskampf entzieht, können wir über unser Dasein nachdenken und uns unserer selbst bewußt werden.

Leben des Menschen

„Dennoch möchte ich das nicht missen!" Diesen Satz hört man erstaunlich oft, und zwar auch über sehr unangenehme, ja über schreckliche Erfahrungen. So erfreulich es einerseits ist, wenn man sich auf diese Weise mit seinem Schicksal versöhnt, so ist es andererseits aber auch eine Bankrotterklärung für jede bewußte Lebensplanung, wenn man nachträglich sowieso mit allem einverstanden ist, ja es sogar „nicht missen möchte". Wozu dann noch irgendeine aktive Lebensgestaltung?

Die beste Aussicht auf die Freiheit hat man vom Gefängnis aus.

Es gibt auf Erden und im All nur einen menschenwürdigen Zustand: Genug Geld zu haben, um von niemandem abhängig zu sein und sich alles kaufen können.

Die Kraft zur Bewältigung der Realität schöpfen wir vor allem aus der Irrealität.

Für niemanden ist Geld wichtiger als für den, der es verachtet.

Der Grund, warum jede Lebensberatung und Psychotherapie letztlich zum Scheitern verurteilt ist, liegt darin, daß jeder Lebenslauf an sich ein Krankheitsverlauf ist: ein unzulängliches Reagieren auf unzumutbare Ereignisse.

Wer ein Warum kennt, erträgt fast jedes Wie. Diese von Nietzsche oder Frankl oder beiden stammende Erkenntnis bringt Wesentliches auf den Punkt. Das Problem ist nur: Meist gibt es kein Warum, keinen Grund, etwas zu ertragen.

Zweifelhaftes Vorrecht des Menschen: Verzweifeln am Nichts anstatt an etwas.

„Kosmische Verlassenheit" habe ich jüngst als Kürzel für das existentialistische Lebensgefühl gelesen. Üblicherweise wird es mit chemischen, ideologischen oder religiösen Drogen und Dogmen zugeschüttet. Oder mit Liebe bzw. Verliebtheit. Alles ebenso verzweifelte wie vergebliche Versuche, unserer Lebenswirklichkeit zu entfliehen.

Das Leben kann nicht gelingen: Wenn wir nichts erleben, spüren wir es nicht, und wenn wir etwas erleben, überwiegt das Leiden.

Solange wir im Wahn(sinns)system Leben gefangen sind, also solange wir leben, gibt es keine wirklich guten Lösungen – aber unterschiedlich schlechte.

Was ist schlimmer: die Leere, das Nichts oder das Leiden, die Trauer?

Leben ist wie Radfahren, soll Einstein gesagt haben: bewegt man sich nicht dauernd vorwärts, verliert man das Gleichgewicht. Stimmt. Nur: Beim Vorwärtsschauen erblickt man den Tod.

Hoffnung: die gleichzeitig wichtigste und am wenigsten berechtigte menschliche Regung.

Wer aufhört zu hoffen, hat wenigstens Gewißheit.

Das Leben ist ein Leidenskarussell, bei dem die Mitfahrer durch Glücksmomente und Glücksverheißungen vom Abspringen abgehalten werden.

Angesichts der grundsätzlichen Sinnlosigkeit des Lebens und der Hinterhältigkeiten, mit denen die Natur uns dies verbirgt, können wir getrost davon ausgehen, daß praktisch alles, was uns irgendwie interessiert, ebenfalls sinnlos ist, nichts als ein weiterer Trick, um uns am Leben zu halten.

Kaum etwas kann die völlige Sinnlosigkeit des Lebens besser veranschaulichen als alte Wochenschauen: Immer und überall das gleiche unsinnige Gewusel – nur mit anderen Hosen, Hemden und Hüten.

Solange wir leben, müssen wir an ein paar Lügen festhalten. Ließen wir die ganze Wahrheit zu, wären wir sofort tot.

Diabolisch-genial und höllisch sparsam ist es, das Prinzip, das uns am Leben erhält, vom Selbstmord abhält und zum Weitermachen verführt! Fände Glück *nie* statt, wäre die Sache – wenigstens für Vernünftige – völlig klar: Nichts wie weg von hier! Aber manchmal, ganz selten, gibt es sie eben doch: die glücklichen Augenblicke. Gerade so oft, daß man sich, wie beim Lotto, völlig irrationalerweise, sagt: Vielleicht gewinnst du doch einmal.

Von den wissenschaftlichen und künstlerischen Erfüllungserlebnissen einmal abgesehen, die ja nur einer verschwindend kleinen Minderheit zuteil werden, besteht das wirkliche Leben ja doch nur aus den Erlebnissen in der Jugend: Liebe, Sex, Rausch, Zukunftspläne. Alles, was folgt, ist müder Abklatsch und lächerlicher Ersatz.

Das Leben ist ein sich ständig steigernder Ablaufdatenexzess.

Leben: Der verzweifelte Versuch, während unseres kurzen Da-Seins einen Zipfel des Glücks zu erwischen.

Die Bedeutung , die wir dem Wort „enttäuscht" – enttäuscht – geben, illustriert die ganze Tragik unseres Daseins.

Ganz ausgefüllt werden wir nur von der Trauer.

Nur Selbstmörder sehen das Leben realistisch.

Der emanzipatorische Aspekt des Selbstmords wird sträflich vernachlässigt: Da sind *wir* es, die bestimmen, wann wir gehen!

Im Erfinden von Ausreden dafür, warum es doch unsinnig sei, uns umzubringen – etwa angesichts einer unglücklichen Liebe –, sind wir verräterisch kreativ: Wir müßten noch diese oder jene wichtige Aufgabe erledigen, wir könnten ja auch mit jemand anderem glücklich werden usw. Alles Unsinn, reine Selbsttäuschung, pure Feigheit!

Die Klugheit und Konsequenz des Selbstmörders sind natürlich kaum zu toppen. Dennoch agiert noch schlauer, wer auch noch den richtigen Zeitpunkt wählt: nach einem kleinen Glück, rechtzeitig vor dem nächsten viel größeren Unglück.

Wer sich der unendlichen Traurigkeit des Daseins bewußt werden will, der braucht sich nur jemanden, den er liebt, in einer ungewöhnlichen, aber nicht unrealistischen Rolle vorzustellen. Zum Beispiel sein kleines Kind, dereinst, einsam im Altenheim. Das reicht!

Ausflüge ins Sein kann man nur auf Erden machen.

Die Vorstellung, daß es auf Erden so etwas wie Gerechtigkeit gäbe, ist vollkommen absurd. Warum sollte es sie geben und wie sollte sie funktionieren? Diese Idee ist ebenso absurd wie die, daß es einen Gott gäbe. Und beides hängt natürlich zusammen: Der nicht vorhandene Gott soll die nicht mögliche Gerechtigkeit herstellen.

So unerläßlich es ist, im sozialen und politischen Bereich nach Gerechtigkeit zu streben, so unsinnig ist es, sie im eigenen Leben zu erhoffen. Gerechtigkeit widerfährt uns weder im Himmel noch in der Hölle noch auf Erden. Sie ist *die* künstliche Kategorie schlechthin.

Gefühle sind unsere große Schwäche: Hätten wir keine, wären wir unverwundbar.

Dummheit und Dumpfheit einerseits, Einsicht und Erkenntnis andererseits. Das sind die beiden menschlichen Möglichkeiten – und die beiden menschlichen Katastrophen.

Alles ist so unendlich traurig. Und dafür gibt es einen einzigen Grund: unsere Endlichkeit. Wären wir unsterblich, gäbe es viel weniger Grund zur Traurigkeit, weil wir ja prinzipiell noch alles erreichen, hachholen oder wiederherstellen könnten. Wie ich das dumme Geschwätz von den Segnungen der Endlichkeit und der Natürlichkeit des Todes verachte!

Nach dem Verlust einer geliebten Person sind wir todtraurig. Nach einer Zeit „geht es wieder". Wann sehen wir richtig? Wohl dann, wenn wir näher dran sind. Das Leben ist eine einzige Schönfärberei. Und „seelisch gesund" ist nur, wer sich selber täuscht.

Wenn man keinen Menschen liebt, kann man keinen geliebten Menschen verlieren.

Unsere berechtigte Reaktion auf den Tod bedeutender oder schöner Menschen veranschaulicht auf drastische Weise die unentrinnbare Tragik des Daseins. Beim frühen Tod beklagen wir das brutale Herausgerissenwerden aus dem blühenden Leben, beim späten Tod den erschütternden Verfall der geistigen und körperlichen Vollkommenheit.

Es ist ja wahr, wahr, wahr: Wer gesund ist, nicht hungern muß und nicht von Bomben bedroht wird, hat kein Recht, sich zu beschweren. Wahr ist aber auch: Für einen denkenden Menschen ist das Leben *immer* unerträglich.

Eine der wenigen Aussagen, die tröstlich *und* wahr sind: Das Leben ist schlimm, es könnte aber noch viel schlimmer sein.

Lebendigsein ist unerträglich, Totsein ist unerträglich. Letzteres hat immerhin den Vorteil, daß wir es nicht bemerken. Andererseits: Welches Glück, Banalitäten des Daseins zu erleben, etwa die Zeitung zu lesen oder Kaffee zu trinken.

Eine Frechheit ist diese existentielle Entscheidungsunfreiheit ja schon: *Daß* wir leben, wird uns aufgezwungen – nur die wenigsten schaffen es, sich umzubringen. Und *wie* wir leben, wird uns ebenfalls weitestgehend vorgegeben. Ich muß beispielsweise schreiben, und ich muß schreiben, was ich schreiben muß. Das einzige, was unsere Unfreiheit wenigstens etwas mindert, ist „gedruckte Willensfreiheit": Geld. Aber der Zwang zu leben und der Zwang, so zu leben, würden sich im

Augenblick des Sterbenmüssens zum Gottesgeschenk wandeln!

Im besten Falle haben wir die Wahl: Dem Leben-Lieben-Leiden-Spiel von vornherein zu entsagen oder aber seine Spielregeln zu akzeptieren – deren wichtigste lautet: Glück muß immer mit einem Vielfachen an Leid erkauft werden.

Der Mensch *muß* leiden. Und zwar deshalb, weil seine psychischen Wünsche stets weit über die biologischen Möglichkeiten hinausgehen. Zum Beispiel der Wunsch, nicht zu sterben. Die biologische Decke ist für die seelischen Wünsche einfach immer hoffnungslos zu kurz. Deshalb ist es auf der Welt so ungemütlich.

Schlittenfahrende Kinder, hundert Meter daneben das Altersheim. Das ist das Leben. Das berauschend schöne und barbarisch grausame Leben.

Musik im Altersheim: Frontalzusammenstoß zwischen Sehnsucht und Realität.

Leben und Sterben sind auf ebenso banale wie fundamentale Weise miteinander verknüpft: Jeder Augenblick des Lebens bringt uns dem Tod näher.

Den Himmel gibt es nur auf Erden.

Todesurteil – Warten – Hinrichtung: Schauerlich! Nur: Wo liegt der grundsätzliche Unterschied zu unser aller Schicksal?

Diese Welt ist ein Paradies für Teufel und eine Hölle für Heilige.

Das Problem mit dem seelischen Gleichgewicht des Menschen ist dies: Es fehlt jegliche reale Grundlage. Die angemessene Reaktion auf die menschliche Realität ist nämlich nicht Gleichgewicht, sondern Wahnsinn und Selbstmord.

Entweder man redet sich die Wirklichkeit schön oder man zerbricht an ihr.

Es gibt zwei Möglichkeiten, die Tragik und Trauer des Daseins zu erleben: durch die Nichterfüllung unserer Wünsche und durch die Erfüllung unserer Wünsche.

Psychologen begehen einen fatalen Fehler, wenn sie lebenstüchtige, „zupackende", hoffnungsvolle Menschen als gesund, normal und realitätsangepaßt betrachten. In Wirklichkeit hat jeder Depressive und Verzweifelte, der gerade seinen Selbstmord vorbereitet, einen ungleich schärferen Realitätssinn als alle Aktiven, Optimisten und „Realisten" zusammen.

Ob man das eigene Unglück besser zulassen oder verdrängen soll? Ist egal, nützt beides nichts!

Wir sind von Natur aus zur Lüge verdammt: Kein Mensch kann die ungeschminkte Tragik des Daseins ertragen.

Es heißt immer, daß es eine so ernüchternde und tragische Erkenntnis sei, daß es keinen Gott gebe. Im Grunde ist es aber doch auch beruhigend zu wissen, daß es niemanden gibt, der sich aktiv und bewußt in mein Leben einmischt – sondern nur den großen Zufall und die kleine Möglichkeit, dessen Macht durch eigene Anstrengung etwas zu verringern.

Die Kirchen werden sich wohl nie ernsthaft um ihr Weiterbestehen Sorgen machen müssen, da ihr Angebot einfach zu verlockend ist: die Verleugnung all dessen, wovor sich die Menschen am meisten fürchten.

Ich liege in der Sonne und schaue in die schneeweißen Wolken am strahlend blauen Himmel. Dereinst, vielleicht auch schon in ein paar Tagen, werde ich für immer so daliegen. Allerdings, ohne in den Himmel schauen zu können – weil mich eine meterdicke Erdschicht bedeckt. Wie herrlich ist es hier draußen! Wie furchtbar muß es dort unten sein!

Im Hinblick auf die wahre Beschaffenheit unseres Daseins glauben wir, uns von einem Zustand des Nicht-Wissens hin zum Erkennen geheimnisvoller Zusammenhänge bewegen zu müssen. Dabei ist es umgekehrt: Wir müssen lediglich die überkommenen Vorstellungen über Bord werfen, wegwerfen – um zu erkennen: Da, wo wir Sinn vermuteten, klafft ein Loch, ist ein Nichts.

Um uns am Erkennen der Sinn- und Trostlosigkeit des Lebens zu hindern, hat uns die Natur, als Sichtblenden gegen die Realität quasi, diverse Hirngespinste eingepflanzt; allen voran: den Glauben an Gott oder an die Liebe.

Unsere Vorstellungen in bezug auf Liebe und Glauben haben die gleiche Funktion: Es sind Versuche, die Sinnlosigkeit des Lebens zu verleugnen. Beide Versuche sind vergeblich, aber nur im ersten Fall merken wir es.

Der Grund, warum die Menschen verrückt werden, ist rasch erklärt: Niemand hält die Realität aus – und zimmert sich daher entweder seine eigene Wahnwelt oder schließt sich einem bereits vorhandenen Wahnsystem, etwa einer Religion, an.

Welch schrecklich viel Unsinn doch seine Ursache in unserer Unfähigkeit hat, ohne „Sinn" leben zu können.

Reife offenbart sich weniger im Finden oder Stiften von Sinn, als im Ertragen der Sinnlosigkeit.

Offenkundig brauchen wir immer Dinge, die es nicht

gibt, um uns psychisch aufrechtzuerhalten: Einen Gott, den es nicht gibt, eine Frau, die es nicht gibt, ein Ziel, das wir nie erreichen.

Verlangen nach etwas, das nicht existiert, jemanden umarmen wollen, den es nicht gibt: Wo größte Sehnsucht und größte Nichtigkeit des Ersehnten zusammentreffen, ist das Zuhause des Menschen.

Wir haben die Wahl, uns nach nicht Existentem zu sehnen oder das Nichts zu akzeptieren.

Den Menschen meiner Generation und der folgenden Generationen blieb es vorbehalten, bei keiner Aufgabe, die man sich stellt, zu wissen, ob es nicht sinnvoller wäre, sich mit einer Flasche Wein in die Sonne zu legen. Denn jeder muß sich vernünftigerweise immer wieder die Frage stellen: Habe ich eine Chance, das, was ich mir vorgenommen habe, zu erreichen, oder werde ich bald in einem Atomkrieg oder dergleichen sterben?

Zu all jenen Verdrängungen, die die Menschen schon immer herstellen und aufrechterhalten mußten, um ein relatives psychisches Gleichgewicht zu wahren, kommt heute noch eine ganz wesentliche hinzu: Die Verdrängung des Wissens, daß es wider jede Wahrscheinlichkeit ist, daß wir die sich aus Übervölkerung, Umweltzerstörung und Atomwaffen ergebenden Gefahren überleben werden.

Um sich das Wunder des Lebens, des Lebendig-Seins, zu veranschaulichen, zu vergegenwärtigen, mache man folgendes Gedankenexperiment: Der Mensch, den wir am meisten lieben, ist gestorben. Wir sitzen neben dem toten, leblosen Körper und trauern über den Verlust dessen, was uns auf Erden am meisten bedeutete. Auf einmal öffnet der Tote langsam die Augen, sieht uns an, erkennt uns und kehrt ins Leben zurück.

Das Problem aller Siege im Leben ist, daß dennoch der Tod auf uns wartet.

Was immer wir tun – es ist eine Ablenkung vom Wissen, sterblich zu sein.

Bewußtsein plus Endlichkeit – das Meisterstück des Teufels.

Im gesamten Universum gibt es wohl nichts Sinnloseres als die dauernde Sinnsuche – so verständlich sie auch sein mag: Durch Sinn soll dem Leiden der Stachel gezogen werden.

Der Mensch bewohnt ein schauriges Übergangsreich: Wir erkennen zwar die Faktoren, die uns unglücklich machen, aber wir können sie kaum beeinflussen.

Wir Menschen haben eine wunderbare Doppelbegabung: Wir können fühlen und denken – und eines davon macht uns immer unglücklich.

Die Frage, was denn glücklicher mache, Dummheit oder Einsicht, führt in die Irre: Beides macht unglücklich.

Lebensmut ist ein anderes Wort für Realitätsverlust.

Wer nicht mehr aufwacht, hat keine Einschlafprobleme mehr.

Einsamkeit, Verlassenheit, Traurigkeit. Wer diese Eckpfeiler des Daseins nicht empfindet, ist krank. Wer sie empfindet, wird krank.

Ist Schwermut eine Krankheit? Nein, Schwermut ist das Symptom einer Krankheit: Symptom der Krankheit Leben.

Wir beruhigen uns üblicherweise mit der Ermutigung, daß es schon besser werden würde. Welch schauerlicher Unsinn und Irrtum. Wir können heilfroh sein, wenn es nicht schlechter wird!

Das Leben gleicht einer Baggerschaufel, die sich immer mehr in Richtung Abgrund neigt - bis wir uns nicht mehr festhalten können.

Strenggenommen kann nur einer Rationalität für sich beanspruchen: derjenige, der im Begriffe ist, sich umzubringen.

Läuft es im Leben überdurchschnittlich gut, liefert die Irrenanstalt das passende Bild: ein ewiges Wiederholen sinnloser Abläufe. Das Wesen unseres Daseins treffen freilich eher Horrorfilme mit ihrer Veranschaulichung des Bösen. Die nächste Schreckensstufe bilden dann die weltweit verstreuten Tier-KZs, die das Böse und das Irre in der Welt vereinen und verdichten - zu einer nicht mehr beschreibbaren Hölle.

Lebensregeln

Sein Leben bewältigen heißt, die Gegenwart bewältigen.

Sich über die Zukunft Sorgen zu machen ist ein Luxus, den man sich versagen sollte.

Bevor man für den Erfolg reif ist, muß man für den Mißerfolg reif sein.

Es gibt nur ein „Erfolgsrezept": sich von keiner Niederlage beeindrucken lassen und immer weitermachen.

Wer Großes leisten will, muß über lange Zeit gegenüber Kritik immun sein.

Um das Richtige zu erkennen, muß man vorher oft das Falsche tun.

Geduld ist öfter als vermutet anstatt einer Tugend ein Unvermögen: das Unvermögen, längst Offenkundiges endlich zur Kenntnis zu nehmen und zu akzeptieren. So gesehen ist Geduld auch ein großer Wahrheits- und Wirklichkeitsfeind.

Die beliebte Beruhigungs- und Beschwichtigungsformel „Alles wird wieder gut" führt naturgemäß zu dauernden Kollisionen mit der Realtiät. Besser funktioniert: „Alles ist egal."

Wie man sich, um seine Würde zu wahren, von Menschen nicht alles gefallen lassen sollte, sollte man sich auch vom Leben nicht alles gefallen lassen.

Um zu wissen, was man will, bedarf es des Rausches. Um zu wissen, wie man es erreicht, der Nüchternheit.

Vor einer Entscheidung stelle man viele Überlegungen an, *danach* keine!

Sich selbst treu zu bleiben ist die zugleich wichtigste und seltenste menschliche Eigenschaft.

Unser stärkster Gegner sind wir meist selbst.

Wer frei sein will, befreie sich zuerst von seiner eigenen Feigheit.

Merkwürdiges Dilemma: Stürzen wir uns in die Arbeit, befürchten wir, das Leben zu versäumen. Stürzen wir uns ins Leben, vermissen wir die Arbeit. Aber ohne diesen Widerspruch hätte weder die Arbeit noch das Leben einen Reiz.

Wir alle werden konfrontiert mit dem schmerzlichen Widerspruch zwischen dem, was wir ersehnen, und dem, was wir erreichen. Entscheidend ist, wie wir diesen Abstand zwischen Wunsch und Wirklichkeit ertragen und wie wir ihn verringern.

Es ist ein fürchterlicher Fehlschluß und eine Quelle endlosen Leidens zu glauben, daß es deshalb, weil wir uns nach etwas sehnen, den Gegenstand dieser Sehnsucht auch tatsächlich gibt.

Viele Wege führen nach Rom, aber alle sind steinig.

Die oft zitierte Maxime „Immer nach vorwärts schauen, niemals zurück" hat in der Tat viel für sich: Die Zukunft kann man gestalten, die Vergangenheit nicht!

Es ist besser, auf dem Weg zu seinem Ziel stehenbleiben zu müssen, als dieses von vornherein nicht anzustreben.

Das Leben: Ein ewiges und sinnloses Auf und Ab und Hin und Her. Und dennoch: Wer das Dasein so sieht, befindet sich in einer sehr glücklichen Phase seines Lebens.

Wenn man sagen kann „Ich muß jetzt nicht sterben" und „Ich bin jetzt nicht krank", sollte man in diesem Bewußtsein unter die Menschen gehen. Sofort wird das Leben leichter und die Stimmung heller.

Wenn man sich über die Unannehmlichkeiten, Ungerechtigkeiten und Enttäuschungen seines Lebens beschwert, sollte man sich auch fragen, ob man denn dann lieber nicht existierte, als dieses Leben zu führen. Kommt man zum Ergebnis, daß man überhaupt nicht lieber jetzt gleich sterben würde, als dieses Leben zu führen, wird man seine Situation in einem völlig anderen Licht sehen.

Anstatt die Jugend zur Vernunft zu ermahnen, sollte man sie eher zur Unvernunft ermuntern: Macht alles, was Spaß macht, solange es geht!

Zur realistischen („pessimistisch" genannten) Weltsicht gehört rationalerweise auch: Wenn angenehme Erlebnisse schon so selten sind, sollte man auf keines verzichten.

Das Bewußtsein, gelebt zu haben, beruhigt ungemein. Gelebtes Leben kann einem kein Mensch mehr wegnehmen.

Neulich am Grab meines Vaters: Was ist wichtig im Leben? Für mich: Gelebt zu haben und gut zu sein.

Unter der Erde liegen wir alle viel früher als uns lieb ist. Dort verbringen wir dann Jahrmillionen, ohne sie auch nur im geringsten nutzen zu können. Deshalb sollten wir auf der Erde keine Sekunde verschenken.

Welch ein Gefühl, nicht sterben zu müssen! Genauer gesagt: nicht zu wissen, daß man bald sterben muß. Dereinst würde man vielleicht alles in der Welt geben für dieses Gefühl. Deshalb jetzt genießen, jetzt auskosten: Ich lebe und das vielleicht noch eine ganze Weile!

Erst was wir nicht mehr haben oder bald nicht mehr haben, wissen wir wirklich zu schätzen. Diese Binsenwahrheit sollten wir viel mehr nützen, denn sie verleiht uns geradezu übermenschliche Macht und Möglichkeiten. Man versetze sich nur einmal lebhaft in die Situation, bald sterben zu müssen. Und dann zurück in die reale Gegenwart: Welch ein Gefühl! Welch ein Leben!

Mehr zu verlangen, als sein Unglück benennen und beschreiben zu können, ist frevelhafter Übermut.

Das Beste, was man im Leben erwarten kann, ist Routine: ein erträglicher Alltag ohne unangenehme Überraschungen. Wer mehr verlangt, ist ein Narr, der sich das Leben zur Hölle macht.

Wir schätzen es viel zuwenig, wenn es *nichts* Neues gibt.

Tod und Krankheit umkreisen uns ununterbrochen. Jeder Tag, an dem wir davon verschont werden, ist ein Festtag.

Zum Traurigsein haben wir immer Grund: weil das Leben immer traurig ist. Zum Glücklichsein haben wir meist aber ebenfalls Grund: weil es fast immer noch viel schlimmer sein könnte, als es ist.

Menschen

Indem wir eine Schwäche eingestehen, verwandeln wir sie in eine Stärke.

Alle negativen Vorurteile über bestimmte Minderheiten, Nationalitäten usw. stimmen – sie sind nur unvollständig.

Es gibt im wesentlichen drei Arten von Menschen: solche, die dumm sind, solche, die schlecht sind, und solche, die beides zusammen sind.

Das vielleicht sicherste Erkennungszeichen für Dummheit: Der Glaube, alle anderen seien wie man selbst - oder sollten zumindest so sein.

Wer von seinen Mitmenschen nicht allzusehr aufgehalten oder belästigt werden möchte, beherzige – in dieser Reihenfolge, wie es die jeweilige Situation gerade zuläßt – folgende drei Regeln: Ignorieren, Schweigen, Ja-Sagen.

Welch armseliges, unmenschliches und verabscheuungswürdiges Leben führt doch das Heer jener, denen es im Leben ausschließlich um die Vermehrung ihres „Wohlstandes" geht!

Mich wunderte immer, daß andere die Realität so gut ertragen. Jetzt weiß ich, warum: Sie nehmen sie nur teilweise wahr.

Um dem Leben, sei es das eigene oder das Leben an sich, doch noch irgendeinen Sinn zu geben, ist uns kein Schluß zu schräg und keine These zu absurd.

An einen Gott zu glauben, der alles weiß und alles bestimmt und es obendrein auch noch gut mit uns meint, ist schon eine arg billige Art, sich durchs Leben zu schwindeln.

Wer viel redet, hat wenig zu sagen.

Bei Sportler-Interviews sollten unbedingt Bild und Ton ausgeschaltet werden.

Der faszinierte Mensch ist ein ehrlicher Mensch.

Kleine Menschen erkennt man oft am großen Selbstbewußtsein.

Die primitiven Menschen können sich immer gut durchsetzen – am besten gegen die wertvollen.

Wer seine Originalität durch Äußerlichkeiten demonstriert, hat dies auch nötig.

Ein anspruchsvolles Wesen ist der Mensch allemal: Wer schon an sich selbst keine Ansprüche stellt, stellt sie sicher an andere!

Übles Benehmen bedient sich häufig guter Manieren.

Wer der Langeweile durch Reisen zu entfliehen sucht, vergißt, daß es nicht seine *Umwelt* ist, die *ihn* langweilt, sondern daß *er* es ist, der seine Umwelt langweilig *macht*.

Wie soll ein Mensch, der zu sich selbst unehrlich ist, ehrlich zu anderen sein?

Jedesmal, wenn wir uns wieder auf einen Menschen einlassen und nicht das Schlechteste von ihm annehmen, begehen wir eine Todsünde gegen unsere Vernunft und Erfahrung.

Die Ruhmsucht legen auch die Großen zu allerletzt ab, erkannte Schopenhauer. Daran ist nun wirklich nichts Verwunderliches, geschweige denn Verwerfliches: Erstens steht der Ruhm den Großen – und nur den Großen – zu. Und zweitens ist er das einzige, was die quälende Diskrepanz zwischen Sein und Schein auf ein wenigstens einigermaßen erträgliches Maß reduzieren kann.

Sensibilität muß immer teuer erkauft werden, weil sie unteilbar ist: Sensibel sein heißt immer auch, sensibel für die Tragik des Lebens sein.

Im Umgang mit Kindern erkennt man kindische Erwachsene: Ihr Stolz darauf, kein Kind mehr zu sein, ist unübersehbar.

„Was würdest du tun, wenn du plötzlich reich wärest?“ Diese Frage bzw. ihre spontane Beantwortung ist ein sicherer Indikator für den Charakter: Mensch oder Egoist.

Sobald zwei Menschen sich treffen, reden sie Unsinn.

Wer sich die himmelschreiende ethische Inkonsequenz vergegenwärtigt, zu der Menschen fähig sind – etwa im Hinblick auf die unterschiedliche Behandlung von Haus- und Nutztieren –, sollte sich eigentlich über nichts mehr wundern.

So schlecht der Mensch auch immer sein mag – seine Dummheit ist noch gefährlicher.

Daß die Evolution schrecklich schieflaufen kann, zeigt ihr bislang schwerster Fehlschlag: der Mensch. Da wird etwa mit krankhaftem Eifer und höllischem Lärm Laub geblasen, als gelte es, hochgiftiges Material zu beseitigen. Beim wirklich giftigen Atommüll läßt man es hingegen wesentlich gemächlicher angehen.

Wunder Mensch: Jeder einzelne offenbart die Dumm- heit der ganzen Gattung.

Sich über die menschliche Dummheit und Schlechtig- keit lange Gedanken zu machen, ist müßig. Es gilt, sich davor zu schützen.

Zu negativ kann man seine Mitmenschen wohl gar nicht sehen – will man sich vor Schäden und Enttäuschungen auch nur einigermaßen schützen. Vermutlich sollte man sogar täglich üben, seine Mitmenschen negativ *genug* zu sehen.

Auch hinter gutem Verhalten steht meist ein schlechtes Motiv.

Erster Hauptsatz der Menschenlehre: Dummheit und Schlechtigkeit sind historisch und geographisch konstant.

Eine Ursache von Schwermut ist die grenzenlose Dummheit der Mitmenschen. Hält man sich in Gesellschaft nicht dauernd die Ohren zu, ist es praktisch unmöglich, an deren Dummheit nicht zu verzweifeln.

Was wäre Salzburg ohne die Salzburger? – Ein Paradies!

Mit der Aussage „Reisen bildet" verhält es sich wie mit der Aussage „Reisen verursacht Haarausfall": Beides trifft in der Regel *nicht* zu. Warum? Weil sich innere Erstarrung nicht durch äußere Bewegung beseitigen läßt.

Die Alternative zum Fachidioten ist der Vollidiot.

Wie mir das dumme Geschwätz der Menschen doch zuwider ist. Etwa die Behauptung, reisen bilde. Mit dem Reisen verhält es sich bestenfalls wie mit dem Fernsehen: Es macht die Klugen klüger und die Dummen dümmer. Oder: Die Konfrontation mit dem Tode mache die Menschen reifer. So viele Menschen können gar nicht sterben, daß die Überlebenden vernünftiger würden. Die Wahrheit ist doch: Gegen die Dummheit ist schlicht kein Kraut gewachsen. Da hilft kein Reisen und kein Sterben – außer dem eigenen.

Die Vorstellung, daß *die* Menschen oder wenigstens *einige* Menschen „im Grunde" gut seien, beruht wohl auf dem gleichen Mechanismus wie der Glaube an Gott oder „irgendetwas Höheres". Im letzteren Fall wird der Mechanismus sogar oft angesprochen – ohne daß man sich dessen bewußt ist: Ohne diesen Glauben könne man gar nicht leben! Was als eher beiläufige Zusatzinformation daherkommt, ist in Wirklichkeit die Grundlage des Phänomens: eine (vermeintliche) psychologische Notwendigkeit – aus der auf die reale Existenz des Benötigten geschlossen wird.

Eile ist die Eigenschaft der Idioten.

Autofahren paßt in seinem idiotischen Wahnwitz perfekt zum Menschen! Nirgendwo sonst läßt sich der intellektuelle und moralische Bankrott des Menschen besser studieren als auf der Autobahn.

Zeitdiebe sind Lebensdiebe und damit Mörder. Wer mir Zeit stiehlt, trachtet mir nach dem Leben.

Jemandes grauenvolles Verhalten zu verzeihen oder zu „vergessen", kann sowohl Zeichen von Größe als auch von Kleinheit sein: Von Größe, wenn sich der Betreffende einer Entschuldigung würdig erweist und man ihm diese bewußt zuteil werden läßt. Von Kleinheit, wenn einem die belastende Wahrheit samt Konsequenzen schlicht zu anstrengend ist.

Enttäuschungen, Niederlagen, negative Erfahrungen sind immer bitter. Noch viel bitterer aber ist es, sich einzugestehen zu müssen, daß man sie selber verschuldet hat – indem man etwa alle seine Erfahrungen und die daraus resultierenden Regeln außer acht gelassen hat. Es ist ein ehernes Gesetz: Alle Menschen funktionieren immer gemäß psychologischen Gesetzmäßigkeiten – die uns durchaus nicht durchgängig verborgen bleiben müssen. Dies zu mißachten, ist ein schrecklicher, mitunter tödlicher Fehler.

Großmut gegenüber Kleingeistern – ein unverzeihlicher Fehler!

Der Grund, warum Ruhm ein so begehrenswertes Gut ist, ist ein ganz praktischer: Er verleiht auch den Sensiblen jenen Schutz vor menschlicher Gemeinheit, den gemeine Menschen von vornherein in Form frecher Unverschämtheit besitzen.

Bis auf jene, die bereits als Greise auf die Welt kommen, haben alle Menschen in ihrer Kindheit oder Jugend „Träume": Vorstellungen vom Großen und Guten, das sie einmal verwirklichen wollen. Die meisten dieser Träume werden nie wahr. Das liegt aber nicht nur an den Träumen, sondern vor allem an den Menschen, die sich als Erwachsene aus Feigheit und Faulheit selber verraten.

Es gibt zwei Sorten von Menschen: Solche, die einen bereits enttäuscht haben, und solche, die einen noch enttäuschen werden.

Angesichts der offenkundigen und monströsen Bösartigkeit und Dummheit des Menschen erweisen sich alle Erklärungsversuche für sein Verhalten als hoffnungslos unzureichend. Feststeht einzig und allein: Die meisten Menschen stellen insofern wahrlich erstaunliche Phänomene dar, als es ihnen gelingt, ihr Potential an Bösartigkeit und Dummheit restlos auszuschöpfen.

Wie schön wäre es doch, wenn wir auch böse Menschen gemäß dem moralischen Ideal, daß alle Menschen im Grunde gut seien, behandeln könnten: gut zu ihnen sein, um sie auf diese Weise zu „zwingen", selber gut zu sein – „Schlägt dir jemand auf die rechte Backe, so halte ihm auch die linke hin." Allein, diese Methode funktioniert leider nicht. Denn wer, nachdem ihm auf die rechte Backe geschlagen worden ist, auch die linke hinhält, kann von Glück reden, nicht *erschlagen* zu werden!

Dabei ist diese traurige Wahrheit durchaus vereinbar

mit einem vergleichsweise freundlichen Menschenbild: Böse Menschen sind nicht „bewußt böse", sondern *müssen* – aufgrund von Anlage, Erziehung oder sonst etwas – so reagieren.

Am angemessenen Verhalten gegenüber solchen Menschen ändert dies freilich so wenig wie die Ursache dafür, daß ein Auto auf uns zurast, etwas daran ändert, wie wir uns verhalten sollen: Egal ob der Fahrer uns umbringen will oder ob das Auto einen Bremsschaden hat – es empfiehlt sich dringend, beiseite zu springen!

Handy: Während die Menschen früher ihren Hirnmüll vom Wohnzimmer aus transferierten, verrichten sie heute in aller Öffentlichkeit ihre geistige Notdurft.

Einsamkeit ist ein Übel, das nur von Zweisamkeit übertroffen wird.

Wer nichts weiß, redet über alles.

Der seelische Mechanismus des Schlächters – je öfter man tötet, desto leichter fällt es – wirkt auch allgemein: Hat man mit den Gemeinheiten erst einmal begonnen, kennt die Rücksichtslosigkeit keine Grenzen mehr.

Wer irgendjemanden für anständig hält, ist selber schuld. Im Grunde ist jede Enttäuschung die gerechte Strafe für grenzenlose Dummheit.

Gute Menschen haben immer ein schlechtes Gewissen.

Rätsel Mensch: Wo hört die Dummheit auf und wo fängt die Schlechtigkeit an?

Weihnachten ist auch die Hoch-Zeit des grauenvollen Gejammers um die Freuden der Nächstenliebe. Die Greuel der Welt wären viel leichter zu ertragen, wenn die Menschen wenigstens darauf verzichteten, Güte vorzugaukeln.

So rätselhaft es zuweilen sein mag, warum Menschen um so vieles moralischer reden und schreiben, als sie handeln, so sicher ist es, daß es eine Todsünde wider sich selbst ist, bloßen moralischen Beteuerungen und Bekenntnissen auch nur ansatzweise Glauben zu schenken.

Welch Geschenk des Himmels sind doch jene Zeitgenossen, die sich umstandslos als opportunistische Egoisten zu erkennen geben. Im Vergleich zu ihren Charaktergenossen, die sich als moralische Menschen tarnen, erleichtern sie uns das Leben ungeheuerlich.

Die unverzeihlichste Dummheit? – Anderen Gutes zu unterstellen!

Gastronomie – die hohe Schule des Lebens: Je schlechter man sich benimmt, desto besser wird man behandelt.

Von jemandem eine gute Meinung zu haben heißt nur, ihn noch nicht gut genug zu kennen.

Je mehr man die Fehler der anderen versteht, desto weniger kann man sich gegen sie schützen. Am Ende ist man ein Heiliger – oder ein Selbstmörder.

Wie auch immer man den Menschen betrachten mag – es hätte nie zum Menschen kommen dürfen. Er ist für sich selbst und für alle anderen ein Unglück.

Solange es Menschen gibt, wird es das Böse geben.

Gesellschaft, Kultur, Politik

Ein eindrucksvoller Beleg für die fortschreitende allgemeine Verblödung sind die immer ausführlicher werdenden Fernseh-Wetterberichte. Zunehmend gewinnt man den Eindruck, daß nicht mehr Nachrichten mit anschließendem Wetterbericht, sondern Wetterberichte mit kurzem Nachrichtenvorspann gesendet werden. Es wird gewiß nicht mehr lange dauern, bis man dazu übergeht, *nur* mehr Wetterberichte zu bringen, ist es doch schon heute so, daß die geschwätzigen Wetterfeen und -frösche über jedes Wölkchen ganze Romane zu erzählen wissen. Betrachtet man dann noch die hektische Gestik der Wetterexpertinnen und -experten, gewinnt man endgültig den Eindruck: Nichts ist wichtiger als das Wetter von morgen.

Um wie vieles besser sähe unsere Welt doch aus, wenn mehr Menschen das verwirklichen würden, was sie sich in ihrer Kindheit und Jugend vorgenommen haben!

Allein die Anzahl derer, die etwas glaubt, entscheidet, ob es als verrückt oder verehrungswürdig angesehen wird. Man stelle sich nur vor, was mit jemandem geschähe, der als einziger all die absurden christlichen „Glaubenswahrheiten" behauptete!

Der gastronomische Bereich offenbart wie im Brennspiegel die Lächerlichkeit, Verlogenheit und Niedertracht unserer Gesellschaft.

Die diskutierte und praktizierte Bevormundung bei der Sterbehilfe verdeckt die noch viel skandalösere dahinterliegende Bevormundung: daß nicht jedem Menschen *grundsätzlich* das Recht zugestanden wird, sein Leben zu beenden, wann er will.

Werbeaussagen haben insofern Erkenntniswert, als wir uns getrost darauf verlassen können, daß sie *nicht* stimmen: So, wie die Werbung die Welt beschreibt, ist sie garantiert nicht!

Die Werbepsychologie ist der Inbegriff der Unmoral.

Alles Große ist einfach, aber nicht alles Einfache ist auch groß.

Schlager sind deshalb Schlager, weil sie den Kern des Lebens in Wort und Musik allgemeinverständlich auf den Punkt bringen.

Ein fürchterliches Handikap beim Schreiben ist das Leben – das eigene Leben: Was muß man nicht alles unternehmen, um am Leben zu bleiben, um schreiben zu können!

Schriftsteller sind aus mindestens zwei Gründen zur Schwermut vorherbestimmt: Erstens sind sie (auch) so etwas wie Chronisten des Lebens, und das Leben ist nun einmal keine besonders lustige Angelegenheit. Und zweitens gehören Ehrlichkeit und Aufrichtigkeit zu den Arbeitsvoraussetzungen des Schriftstellers. Kein Autor kann sich in dem Maße durchs Leben lügen, wie dies bei „normalen" Menschen üblich ist.

Schicksal des Schriftstellers und Künstlers ist es, was andere ansatzweise erleben, existentiell zu erleben.

Kunst ist materialisierte Sehnsucht.

Es ist kein Zufall, daß die Worte „fördern" und „fordern" einander so ähnlich sind. Aber eben nur ähnlich!

Bildung ist letztlich die einzige Möglichkeit, familiäre und biologische Fesseln zu sprengen.

Der Begriff des Vaterlandes, der Heimat birgt eine Chance und eine Gefahr in sich. Die Chance dieses Begriffs liegt in seinem geographischen, örtlichen Aspekt: Wer seine Heimat liebt, weil er sie *kennt*, weil die Erfahrungen seines Lebens mit ihr verbunden sind, dem vermittelt sie Identität und Geborgenheit. Die Gefahr des Begriffs liegt in seinem politisch-ideologischen Aspekt: Wer seine Heimat liebt weil sie *besser* ist, der wird durch sie unkritisch und feindselig.

Besäßen „große" Politiker doch den Verstand kleiner Kinder!

Fast alle Politikerreden enthalten einen moralischen Skandal, der offenbar von niemandem bemerkt wird: den mehr oder weniger ungeschminkten Appell an den Egoismus.

Der Kapitalismus ist zweifellos die „natürliche" Gesellschaftsform: Egoismus und Gier, für die sich der zivilisierte Mensch schämt, brauchen hier nicht nur nicht versteckt zu werden, sondern gelten sogar als Tugenden!

Die Laster des Individuums sind die Tugenden des Staates.

Der Unterschied zwischen Kommunismus und Kapitalismus ist dieser: dem Kommunismus ist die Moral abhanden gekommen, der Kapitalismus hat nie eine gehabt.

Lieben

Überlegenheit im Umgang erwächst allein daraus, daß man des anderen nicht bedarf, sagt Schopenhauer. Eine richtigere und wichtigere praktische Erkenntnis ist kaum denkbar. Gleichzeitig erhellt sie grandios die ultimativ prekäre Grundsituation jeder Liebesbeziehung. Denn Liebe läßt sich gerade spiegelverkehrt zu dieser Erkenntnis definieren: Liebe ist dadurch charakterisiert, *daß* man des anderen bedarf. Wie unsinnig wäre es doch zu sagen: Ich liebe dich unendlich, aber ich könnte genausogut ohne dich leben.

So fürchterlich mysteriös ist das besondere Grauen gescheiterter Lieben auch wieder nicht: die maßlose Enttäuschung, Verbitterung, Verärgerung, Verzweiflung. Denn bei Lichte besehen ist die „sachliche Grundlage" hierfür keine andere als bei anderen negativen zwischenmenschlichen Beziehungen: Feigheit, Verrat, Falschheit, Rücksichtslosigkeit, Opportunismus, Illoyalität. Aber bei gescheiterten Lieben nehmen wir all dies quasi durch das Vergrößerungsglas und auf existentielle Weise wahr.

Was um Himmels willen wollen wir denn eigentlich? Was *sollen* wir denn wollen? Lieben, um das Geliebte mit Sicherheit wieder zu verlieren? Oder von vornherein völlig verloren bleiben?

Die Hochzeit ist das Begräbnis der Liebe.

Die Ehe ist eine institutionalisierte Lüge.

Die Ehe ist die Perfektion der Perversion.

Die realistische und bekömmliche männliche Reaktion auf Frauen ist die in der Bordell-Konstellation. Alles Darüberhinausgehende führt zu Kunst, Unglück, Mord und Selbstmord.

Verglichen mit Verliebtheit sind alle anderen Geisteskrankheiten von geradezu lächerlicher Harmlosigkeit.

Verliebtheit ist die Verwechslung von „Du gefällst mir" mit „Wir verstehen uns".

Die Liebe ist das Unglück des Universums: Sie verspricht, was sie nicht hält, sie schmerzt, wenn sie unerwidert bleibt und sie erzeugt Haß, wenn sie verraten wird. Ohne Liebe wäre das Leben besser.

Es bleibt dabei, so verzweifelt man sich auch dagegen wehren mag: Liebe und Verstand haben nichts miteinander zu tun.

Beruht Verliebtheit nicht auf einer Täuschung? Natürlich, aber sie ist nicht die einzige, wohl aber die schönste!

In seiner „Vollversion" ist der Solipsismus natürlich unsinnig: Die Welt sei *nur* Produkt meines Bewußtseins. In seiner Tendenz beschreibt der Solipsismus freilich einen wesentlichen Teil der Wirklichkeit: Die Welt ist *zum Großteil* Produkt meines Bewußtseins. Das reale Phänomen, das der „Vollversion" des Solipsismus wohl am nächsten kommt, ist die Verliebtheit: Die geliebte Person, wie wir sie sehen, ist fast ausschließlich unser Produkt, mit anderen Worten: sie existiert praktisch nicht.

Hartnäckig hält sich die Vorstellung, daß wir bestimmte Personen *ihretwegen, ihrer* Eigenschaften willen lieben. In Wirklichkeit wollen oder müssen wir einfach lieben und stülpen deshalb quasi unsere Liebe über bestimmte Objekte. So rätselhaft der Vorgang im einzelnen auch sein mag – sicher ist: Einen Zusammenhang dergestalt, daß die wahrgenommenen Eigenschaften der geliebten Person mit ihren tatsächlichen Eigenschaften übereinstimmen, gibt es nicht. Sobald sich dies offenbart, endet die Liebe. Deshalb scheitert jede Liebe.

Im Hinblick auf Verklärungen und Idealisierungen bei Liebesbeziehungen berücksichtigen wir folgendes viel zuwenig: Lieben eignen sich wie kaum eine andere Konstellation dazu, das in sie hineinzugeheimnissen, was wir am meisten vermissen: Sinn.

Laut Schopenhauer sind Liebe und Leidenschaft der Trick der Natur, um die Arterhaltung zu sichern. Das stimmt höchstwahrscheinlich. Dennoch oder vielleicht gerade deshalb können wir in diesem Bezugsrahmen etwas über das Wesen der Welt erfahren. Vor allem aber: Wenn diese (geschlechtliche) Liebe nun einmal die unverrückbaren Koordinaten für unser Erleben bestimmt, kann uns der dahinterliegende „eigentliche" Zweck im Grunde egal sein. So wie es uns egal sein kann, warum uns etwas schmeckt oder warum wir etwas schön finden.

Die Verliebtheit zu durchschauen, heißt nicht weniger, als die Natur zu durchschauen – und sich als Mißbrauchsopfer zu erkennen: Als Opfer einer Natur, die ihre Geschöpfe unter frecher Vorspiegelung falscher Tatsachen und um eines sinnlosen Schauspiels willen zwingt, gegen die eigenen Interessen zu handeln.

Bruno Bettelheims Buchtitel „Kinder brauchen Märchen" greift zu kurz. Es müßte heißen: „Menschen brauchen Märchen". Das wichtigste Märchen, das Menschen brauchen oder glauben zu brauchen, ist die Liebe. Ob dieses Märchen nun mehr schadet als nützt? Schon möglich. Aber nur so, wie auch Alkohol und Nikotin auch für einen Todkranken schädlich sind. Angesichts der Gesamtsituation fallen die Nachteile aber kaum ins Gewicht – sind vielleicht gar keine Nachteile, sondern ein Segen.

Natürlich bedeutet die Hingabe an Liebe, Sex und Sehnsucht eine Bankrotterklärung für unsere Autonomie. Nur, was bringt es uns, uns dem zu widersetzen, was die Natur uns nun einmal vorgibt, aufzwingt? Nichts, denn wir können uns zwar von der Natur emanzipieren, aber quasi nur ins Nichts hinein emanzipieren.

Die Leere des Lebens ohne Liebe ist die Leere des Lebens selbst: die Sinnlosigkeit und Vergeblichkeit des Daseins, die durch die Liebe nur verdeckt und überspielt werden.

Zu sagen, eine Liebe sei gestorben oder vergangen, ist unsinnig – weil wir damit suggerieren, etwas habe sich vom Sein in Richtung Nicht-Sein bzw. Nicht-mehr-Sein bewegt. Tatsächlich erkennen wir lediglich die Nicht-Existenz von nicht Existentem.

Der als schmerzlich empfundene Leerezustand nach einer Liebe ähnelt jenem Zustand, der von religiösen oder spirituellen Menschen gesucht wird: ein Zustand des Nicht-Wollens, des Nicht-Strebens, der „Meeresstille des Gemüts", in dem man „klares Weltauge" (beides Schopenhauer) ist.

Gefühle und Stimmungen losgelöst von den Personen, die sie ursprünglich auslösten, abrufen zu können – das ist vielleicht der ideale Mittelweg zwischen emotionalem Ertrinken und emotionalem Verdursten.

Ohne Liebe ist das Leben unerträglich leer, mit Liebe unerträglich traurig.

Das Universum ist kalt, eiskalt. Und die einzigen Oasen zum Aufwärmen sind liebevolle Beziehungen.

Liebe und Verliebtheit sind Urlaube von der Realität, Träume, die die tödliche Krankheit Leben unterbrechen.

Liebe und Verliebtheit sind Grüße aus einer glücklichen Welt, die es nie gegeben hat und nie geben wird, nach der wir uns aber ewig sehnen werden.

Phasen der Verliebtheit gleichen Phasen zum Aufwärmen in einer ansonsten durch und durch kalten Welt. Das stimmt, hat aber folgenden Haken: Für ein paar Augenblicke wohliger Wärme müssen wir stundenlang fürchterlich frieren.

Inbegriff aller Trauer, Tragik und Depression: Getrenntsein von jenen, denen wir einst nahe waren.

Sich unsterblich verlieben – was heißt das eigentlich? Schmerzlich fehlt in unserer Sprache auf alle Fälle: sich tödlich verlieben.

Was sehen wir in der Natur, wenn wir nur die Natur sehen? Nichts.

Eine Landschaft, und sei sie noch so schön, ist völlig bedeutungslos und wird auch so empfunden, wenn wir sie nicht mit Hirngespinsten wie Gott, Götter oder Geliebte beseelen.

Berge und Seen, Sonne und Mond - die gesamte Natur hat selbst keinerlei Bedeutung, sondern ist lediglich Projektionsfläche für unsere Gefühle. Wir und nur wir verleihen den Dingen ihren schönen, traurigen, sehnsuchtsvollen oder sonstigen Charakter. Und wenn wir ihnen keine Bedeutung mehr verleihen, weil der Mensch, der uns alles bedeutet hat, nicht mehr existiert, dann haben wir nicht nur diesen Menschen verloren, sondern gleichzeitig auch die ganze Welt. Berge und Seen, Sonne und Mond sind zu sinnlosen Materialansammlungen verkommen, sind wieder zu dem geworden, was sie waren, bevor wir sie beseelt haben.

Alkohol

Zu sterben, nachdem man zuviel getrunken hat, ist traurig, zu sterben, bevor man genug getrunken hat, ist tragisch.

Das wahre Leben findet im Rausch statt.

Ich kann mich des Bildes des Rausches als einer Oase nicht erwehren.

Im Rausch machen wir Bekanntschaft mit uns selbst.

Der Blick durch die Flasche verleiht den Dingen wieder ihre wahre Dimension.

Im Rausch ernten wir.

Menschen, die prinzipiell keinen Alkohol trinken, sind meist ebenso gestört wie Alkoholiker.

Im Rausch begegnen wir jenen Gedanken, Ideen und Personen, die für uns von so großer Bedeutung sind, daß wir sie im „Normalzustand" verdrängen – verdrängen müssen. Es ist wohl vor allem auch diese Eigenschaft des Alkohols, die Bewußtmachung des für unser Leben Wesentlichen, die jene Menschen fürchten, die Alkohol prinzipiell ablehnen.

Der Alkohol ist vor allem auch, wie der Traum, ein Überwinder der Trennung.

Ein Mangel sprachlicher Vermittlung resultiert aus dem Zwang, aus einer Gleichzeitigkeit ein Nacheinander machen zu müssen. Dies wird besonders beim Versuch des Dichters deutlich, Stimmungen auszudrücken: Das, was augenblicklich in ihm anklingt, muß er quasi zerreißen, in der Zeit aufteilen, um es sprachlich mitteilen zu können. Der Alkohol ist nun für den Leser ein geeignetes Mittel, die ursprüngliche Einheit und Lebendigkeit wiederherzustellen. – So wie der Alkohol überhaupt die Chance in sich birgt, das „geistige Band" wiederherzustellen.

Der Alkohol erlaubt uns schon auf Erden Ausflüge in den Himmel.

Sterben

„Das Leben geht weiter!" Welch ungeheuerliche, moralisch verrottete und faktisch falsche Aussage. Natürlich geht das Leben weiter, solange wir nicht gestorben sind. Die Frage ist nur: *Wie?* Nachdem uns jemand Nahestehender auf welche Weise auch immer verlassen hat, wird es nie mehr so wie vorher!

Eine irgendwie beruhigende Vorstellung: Alle, die man gern hat, sind schon tot. Man braucht sich also vor keinem Verlust mehr zu fürchten.

Todesangst ist ebenso begründet wie unbegründet: Vor dem Nichts brauchen wir uns nicht zu fürchten; aber wir verlieren alles, was wir haben.

Schon eigenartig: Da sind wir doch eine ganze Weile auf der Welt, fühlen uns trotz allem irgendwie zuhause (wo sollen wir uns auch sonst zuhause fühlen!) und von einem Augenblick auf den anderen sind wir für immer weg. Ohne Wiederkehr. Ohne Wiedersehen. Und das Erstaunlichste, Skandalöseste: Hier geht alles weiter, als wäre nichts geschehen.

Solange der Mensch sterblich ist und weiß, daß er sterblich ist, wird es Religionen und Rauschmittel geben.

Man stelle sich einen Planeten vor, auf dem Menschen von einem Tag auf den anderen für immer verschwinden. Schlimmer noch: Dieses Schicksal ereilt alle Menschen auf diesem Planeten. Wie dieser heißt? Es ist unsere Erde mit ihren alle verschlingenden schwarzen Löchern, die wir Friedhöfe nennen.

Die Akzeptierung des Todes als ein sinnvolles, das Leben ergänzendes Prinzip ist angesichts der psychischen Verfaßtheit des Menschen keine mutige Erkenntnis, sondern eine Beschönigung der Realität, die Verleugnung eines existentiellen Widerspruchs.

Das Nachdenken über Tod und Sterblichkeit ist nur dann sinnvoll, wenn es uns dazu führt, bewußter zu leben.

Der Tod, dieses Meisterstück des Teufels oder eines grenzenlos sadistischen Gottes, ist und bleibt der größte Skandal des Lebens. Egal, ob er langsam, unerbittlich und höhnend auf uns zukommt oder ob er uns hinterlistig überfällt – sodaß wir nicht Abschied nehmen können vom Leben, von unseren Lieben und von allem, was uns wichtig und wertvoll ist und das wir nie mehr wiedersehen werden.

Je mehr ich über das allgegenwärtige Gerede, daß der Tod zum Leben gehöre usw., nachdenke, desto wütender werde ich über diesen unsäglichen Unsinn: Wenn ich auf der Wiese stehe und in den Himmel schaue, weiß ich, daß ich überall hingehöre, nur nicht unter die Erde!

In einem Film über Elias Canetti sagte ein ehemaliger Bekannter von ihm, Canetti habe ein gestörtes Verhältnis zum Tod gehabt. Ja, wie denn sonst als gestört soll das Verhältnis eines Lebenden zum Todfeind alles Lebenden sein!

Die einzige Art, rational mit dem Tod umzugehen, ist, zu hoffen, daß man noch eine Weile lebt.

Wenn man im Hinblick auf einen Verstorbenen die Frage „Wo ist er denn jetzt?“ mit „Nirgends, es gibt ihn nicht mehr!“ beantworten muß, so ist wohl der Tiefpunkt menschlicher Erfahrung erreicht.

Der einzige Sieg, den wir über den Tod erringen können, ist, ein gutes Leben zu führen.

Glück

Lebensfreude bedarf wie das Licht des Kontrastes, um erlebbar zu sein. Ohne Schatten kein Licht, ohne Trauer keine Freude. Außer in der Kindheit und Jugend. Hier gibt es noch die reine Freude. Aber das wissen wir erst im Alter.

Je weiter weg das Glück ist, desto deutlicher sehen wir es.

Das Leiden können wir in seiner ganzen Breite und Tiefe erfahren. Für das Glück fehlt uns hingegen das geeignete Sensorium. Und meist erkennen wir es überhaupt erst, wenn es schon vorbei ist.

Das ist die Tragödie: Wirklich fassen können wir Glück nur im Leiden.

Von den vielen Methoden, das auf Erden mögliche Glück zu versäumen, ist dies gewiß die sicherste: Glückliche Momente nicht rechtzeitig zu erkennen und bewußt zu erleben.

Die Kunst des Lebens besteht darin, die schönen Erinnerungen bereits dann zu erkennen, wenn sie noch Gegenwart sind.

In Augenblicken des Glücks müssen wir uns *sagen*, daß wir glücklich sind; sonst bemerken wir es zu spät – wenn wir wieder unglücklich sind.

Glücklich zu sein, ist eigentlich eine ziemlich einfache Sache: sich nicht über das ärgern, was einem fehlt, sondern über das freuen, was man hat.

Glück: Jederzeit ins Wirthaus gehen können, um sich zu betrinken.

Leiden, Verantwortung, Moral

Verflucht sei Gott oder Zufall oder Evolution oder wer immer es zu verantworten hat, daß ununterbrochen Leben und damit Leiden entsteht.

Was wäre, wenn mein Kind nicht hier, bei mir, sondern ganz woanders geboren worden wäre, in Afrika, in China, in einem anderen Jahrhundert, in einem anderen Jahrtausend? Ich könnte ihm nie helfen, ihm nie beistehen, ihm nichts erklären, es würde mich nie sehen, mich nie kennenlernen! Solche Gedanken sind es, die zum Wahnsinn führen. Und zur Ethik.

Heute stand in der Zeitung: „95 Prozent der neuen Erdenbürger werden derzeit in der Dritten Welt geboren." Das ist die Antwort auf die sogenannte Ausländerfrage! Oder glaubt denn wirklich jemand im Ernst, daß sich aus dem immensen *Glück*, hier geboren zu sein, auch noch *Rechte* ergeben?

Fast jede menschliche Mahlzeit ist tödlich für Tiere.

Der Mensch beginnt dort, wo die Barbarei des Fleischessens aufhört.

Das Widerlichste: die sich als „Gourmets" bezeichnenden Berufsfresser. Man sollte sie zum Verhungern nach Afrika schicken.

Warum sollen ausgerechnet wir Ehrfurcht vor dem Leben haben, wo doch die gesamte übrige Natur ganz offensichtlich auch nicht die geringste Ehrfurcht vor dem Leben zeigt? – Weil wir nicht nur leben, sondern *wissen,* daß wir leben – und deshalb einen Begriff davon haben, welche Folgen *fehlende* Ehrfurcht vor dem Leben hat.

Nirgends wird die menschliche Unmoral gegenüber Tieren deutlicher als in unserem Umgang mit Hunden: sie retten uns als Suchhunde das Leben und wir quälen sie dafür in Versuchslabors zu Tode.

Die Verantwortung des Menschen gegenüber Tieren ist umso größer, weil die Tiere nicht einmal die Möglichkeit haben, sich durch Selbst-Tötung einem unerträglichen Leben zu entziehen.

Alle Versuche, die Ausbeutung von Tieren zu rechtfertigen, sind lächerlich, denn die Wahrheit ist offenkundig:

Wir sind schreckliche Egoisten, die ihre Macht hemmungslos ausnutzen.

Nach Massakern an Menschen meißeln wir deren Namen oft in Stein. Würden wir das gleiche bei Tieren machen, fiele die Erde vor Schwere aus dem All.

Wie würde er (sie, es – Mann, Frau, Kind oder Tier) beim jüngsten Gericht über mich aussagen? – Das ist die Frage, die uns im Umgang mit anderen leiten sollte!

Erste Voraussetzung für ethisches Handeln ist Erkenntnis: Wenn ich das mich umgebende Unrecht und Leiden samt Ursachen und Zusammenhängen nicht erkenne, kann ich daran auch nichts ändern.

Wie schwierig es ist, die Dinge richtig bzw. realistisch zu sehen, zeigt sich schon daran, daß man selber die gleichen Dinge oft binnen kürzester Zeit vollkommen anders sieht. Umso größer wäre demnach, geht es um das Wohl anderer, die moralische Verpflichtung, sich besonders zu bemühen, die Dinge richtig zu sehen. Leider ist genau das Gegenteil der Fall: Fast alle Menschen bemühen sich fast immer, die Dinge möglichst so zu sehen, wie es ihrem eigenen Egoismus am besten entspricht.

Die ethische Weltformel ist längst gefunden, nur haben es die Philosophen noch nicht bemerkt: Behandle andere so, wie du an ihrer Stelle behandelt werden möchtest.

Die Grundtatsache des Lebens ist Mangel an Glück. Deshalb ist die Grundforderung der Moral die Förderung von Glück.

Der Egoismus ist die Trumpfkarte des Teufels.

Helfen können bedeutet helfen sollen.

Wir leben in einer sinnlosen Welt voll sinnlosen Leidens. Der einzige Sinn, den ich sehe, ist Leiden lindern.

Jeder vernünftige Mensch fragt sich natürlich in bezug auf das Leben, in bezug auf das Weiterleben: Warum? Wozu? Eine positive rationale Antwort in bezug auf die eigene Person gibt es wohl nicht. Wohl aber eine positive moralische Antwort: Um das Leiden in der Welt zu lindern.

Angesichts des Grauens, das täglich passiert, müßten alle, die Mitleid empfinden, vor Verzweiflung erstarren. Aber das dürfen wir nicht! Wir dürfen das Handeln nicht den Mitleidlosen überlassen.

Angesichts des endlosen Leidens auf Erden bleibt alles, was wir dagegen tun können, ein Tropfen auf dem heißen Stein. Aber *einem* Wesen oder *einigen* Wesen kann jeder helfen. Und dann können wir immerhin sagen: Ohne uns wäre die Welt noch schlechter, das Leiden noch größer.

Wenn man in einer schwierigen Situation alles in seiner Macht Stehende getan hat, kann man verzweifeln; weil man keine Möglichkeit mehr hat, den Gang der Dinge zu beeinflussen. Man kann sich aber auch mit großer Gelassenheit und innerer Ruhe zurücklehnen und abwarten: Dies ist die einzige Situation, in der wir guten Gewissens unsere Hände in den Schoß legen und auf Hilfe von außen hoffen dürfen!

„Des Lebens ungemischte Freude ward keinem Irdischen zuteil". (Schiller) – Das ist, gelinde gesagt, eine Untertreibung. Das Leben ist eine Hölle! Wer das Glück hat, glücklich zu sein, lebt gewissermaßen „gegen die Natur". Deshalb sollte er bei Zeiten einen Teil seines „unnatürlichen Glücks" freiwillig abtreten – in Form von Hilfe für Unglückliche. Sonst hole ihn der Teufel!

Helmut F. Kaplan, geboren 1952, ist Philosoph und Autor und lebt in Salzburg. Er arbeitet hauptsächlich über Tierethik und Tierrechte. Zuletzt erschienen von ihm die Bücher „Ich esse meine Freunde nicht" und „Leichenschmaus" (Neuauflage).